领你走进西藏

一部学术探险与拓荒的经典

亚欧丛书 EurAsia Series

1

梵天佛地

第四卷
江孜及其寺院
第三册　图版

[意] 图齐　著

魏正中　萨尔吉　主编

上海－罗马　SHANGHAI-ROMA

上海古籍出版社　意大利亚非研究院

SHANGHAI CLASSICS PUBLISHING HOUSE　ISTITUTO ITALIANO PER L'AFRICA E L'ORIENTE

（第106页）

图版87

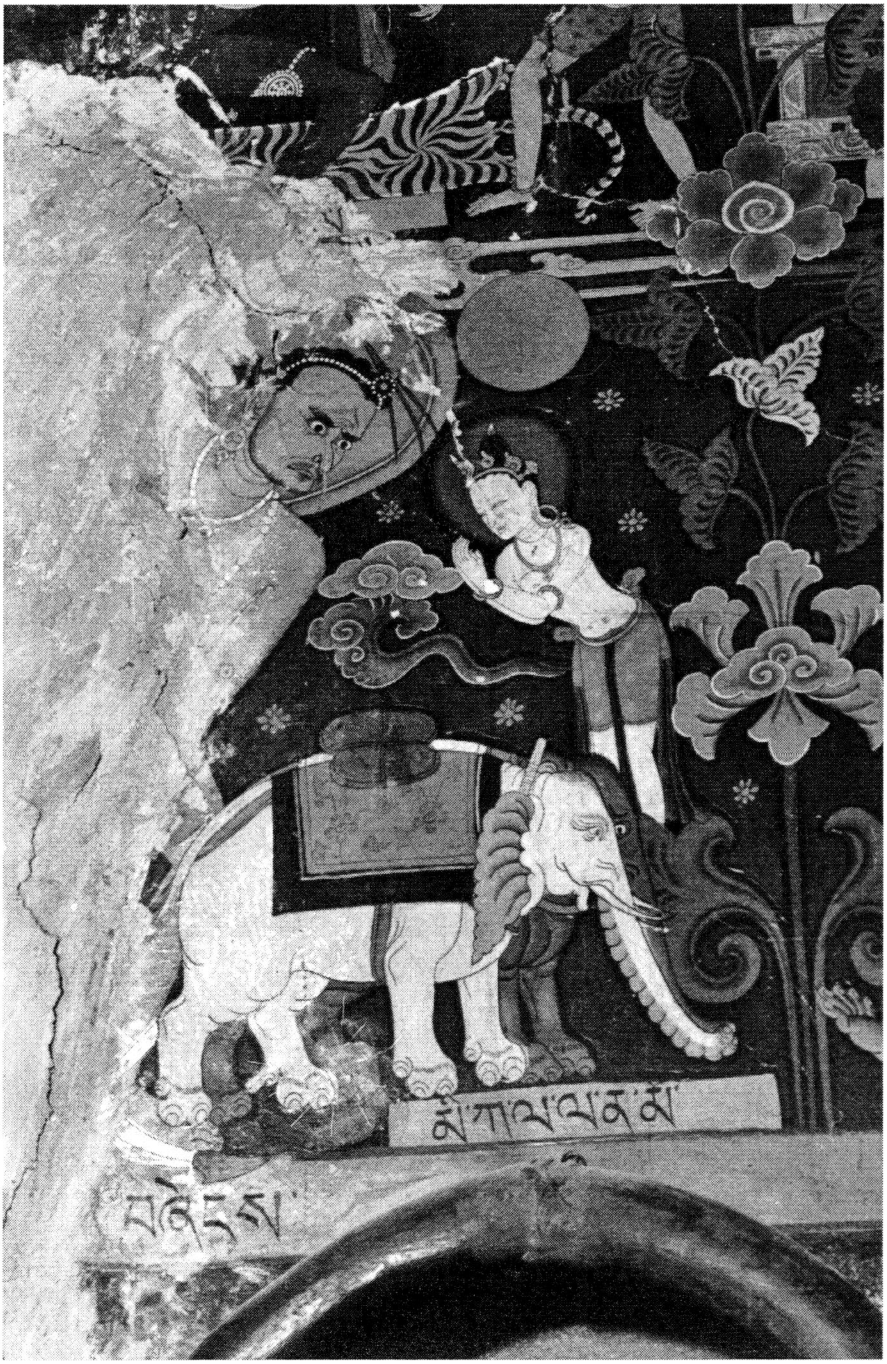

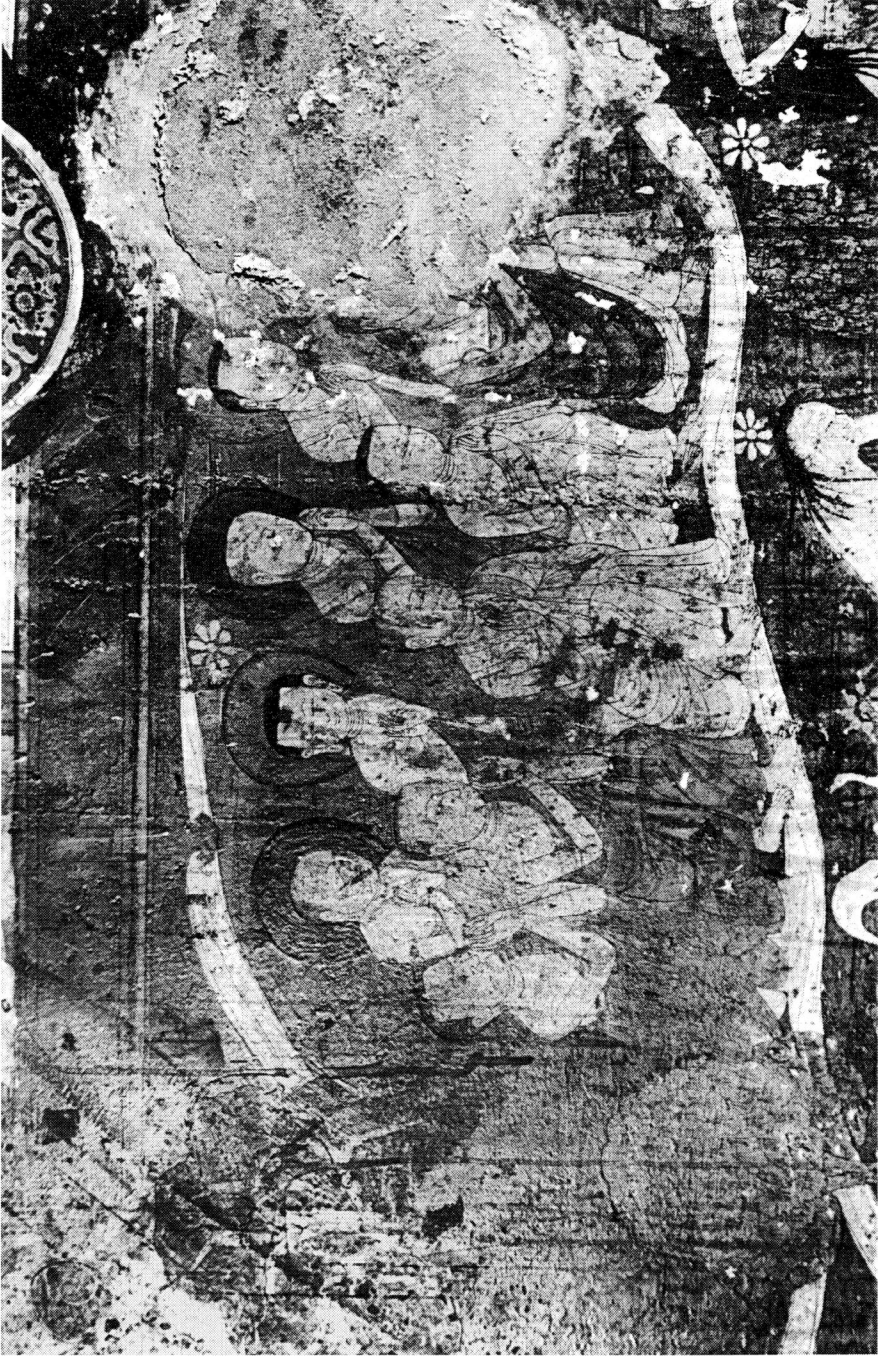

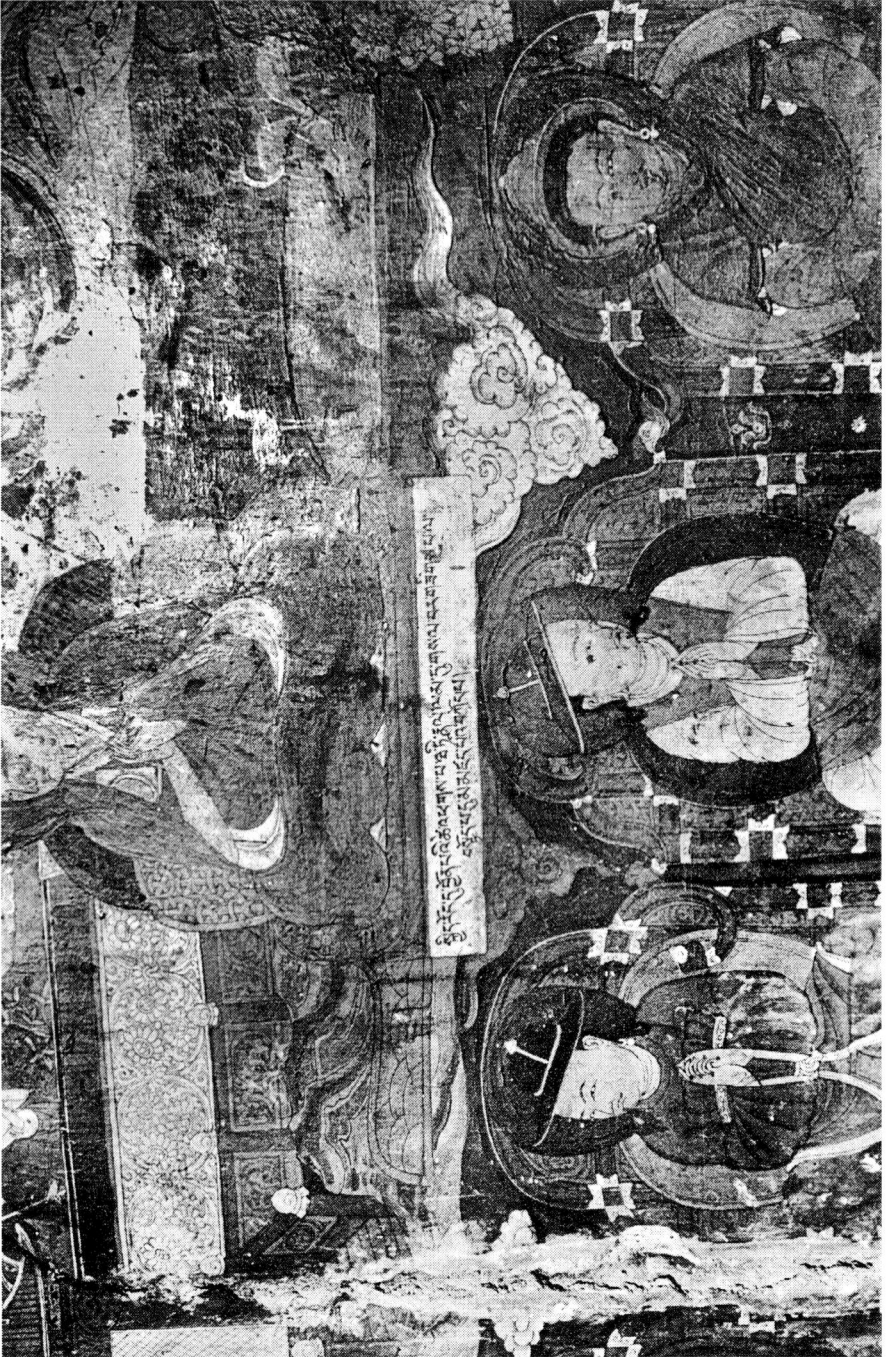

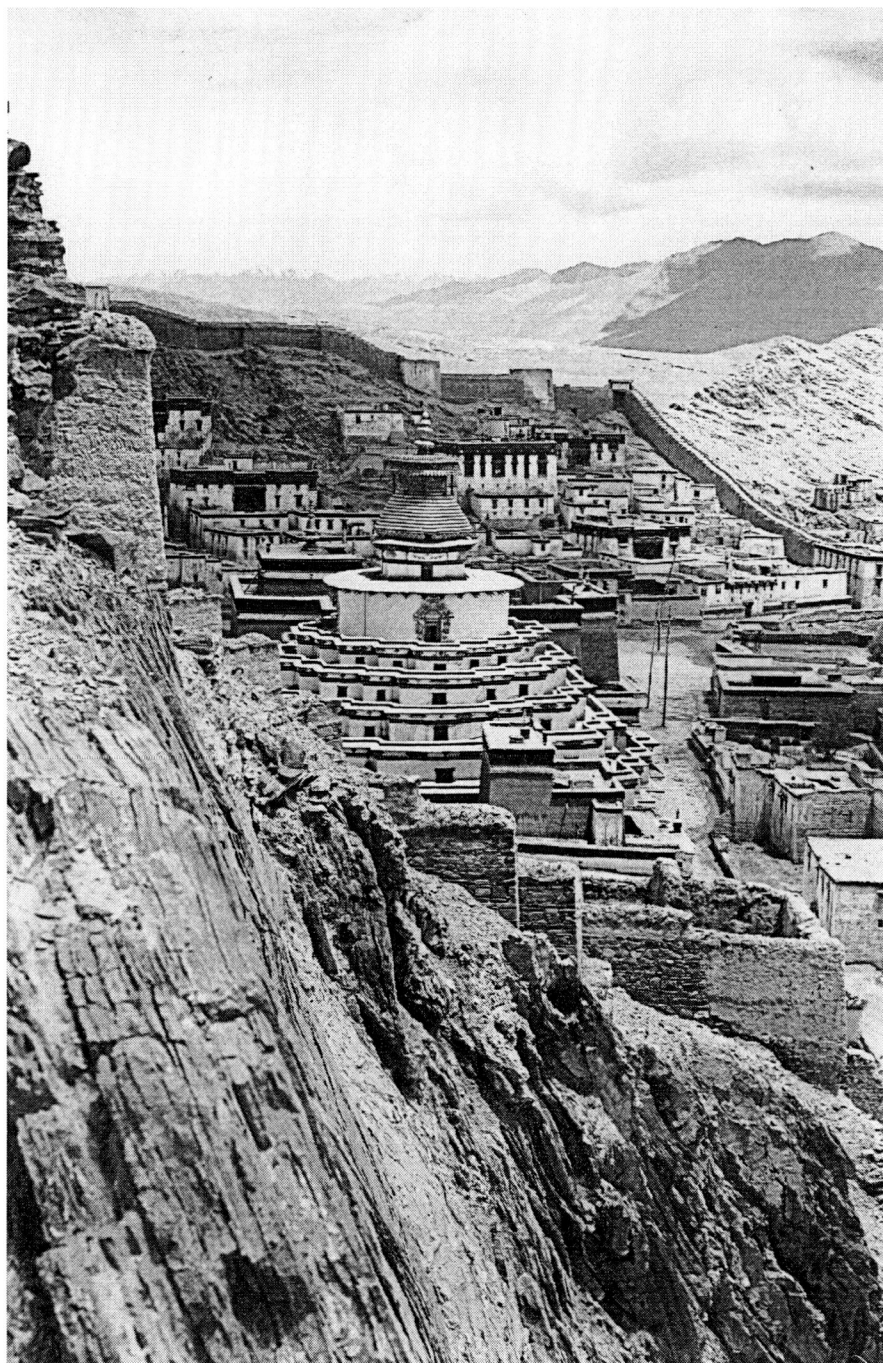

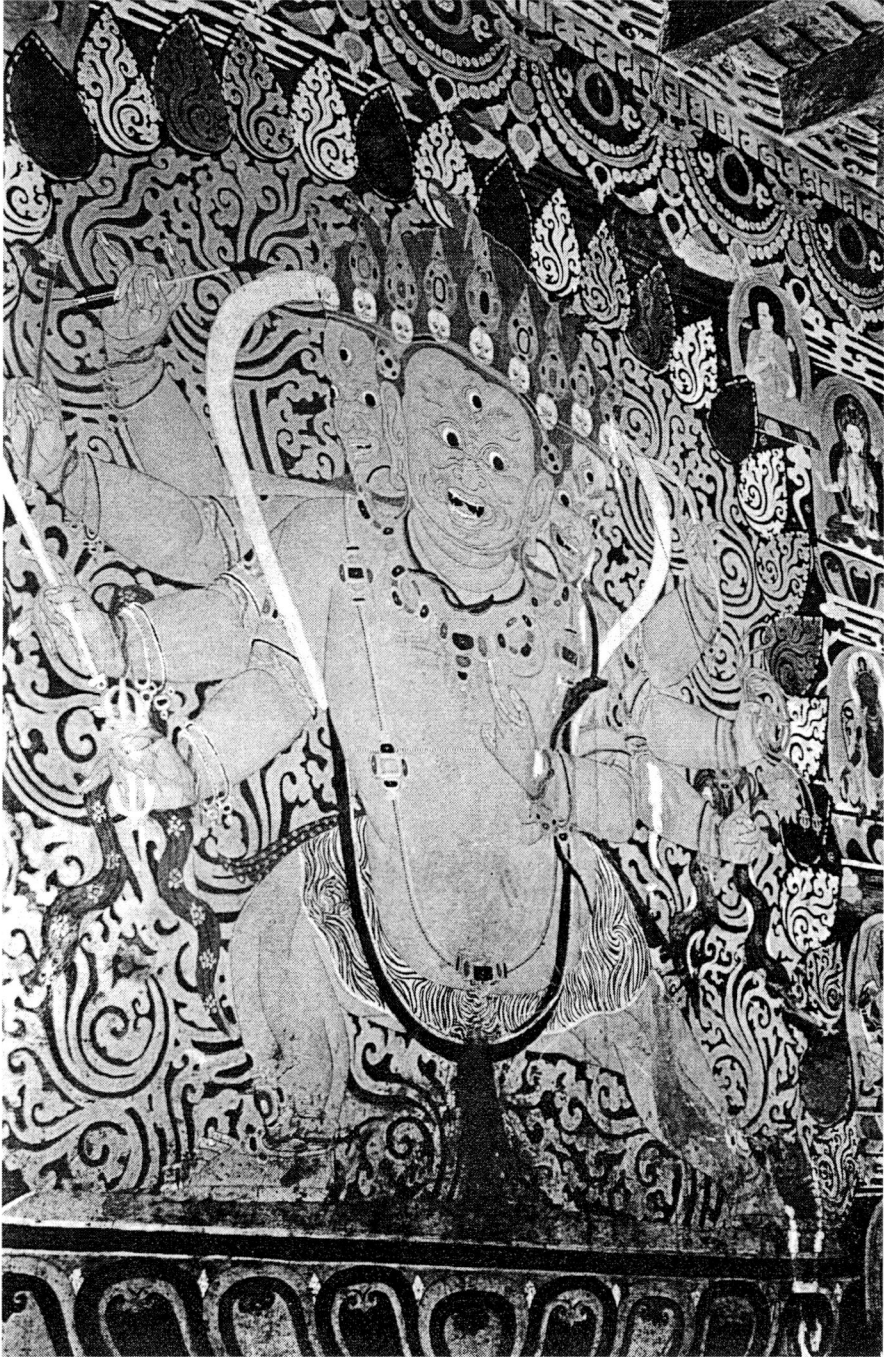

ན་པ་ཡི། ༄བྱུང་ནམ་ང་ཆེང་པ་བ་བསྩ

（第137页）

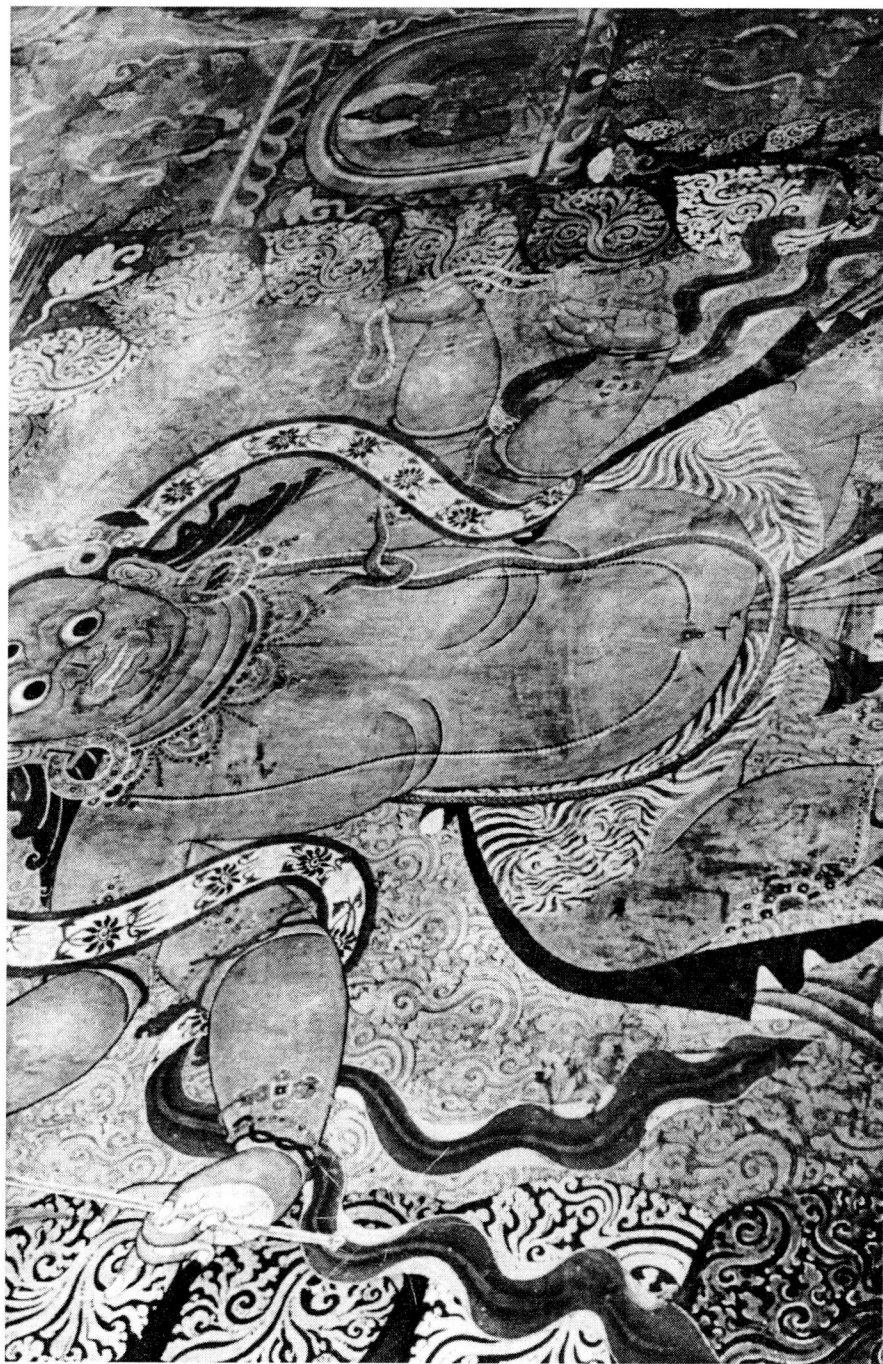

图版199

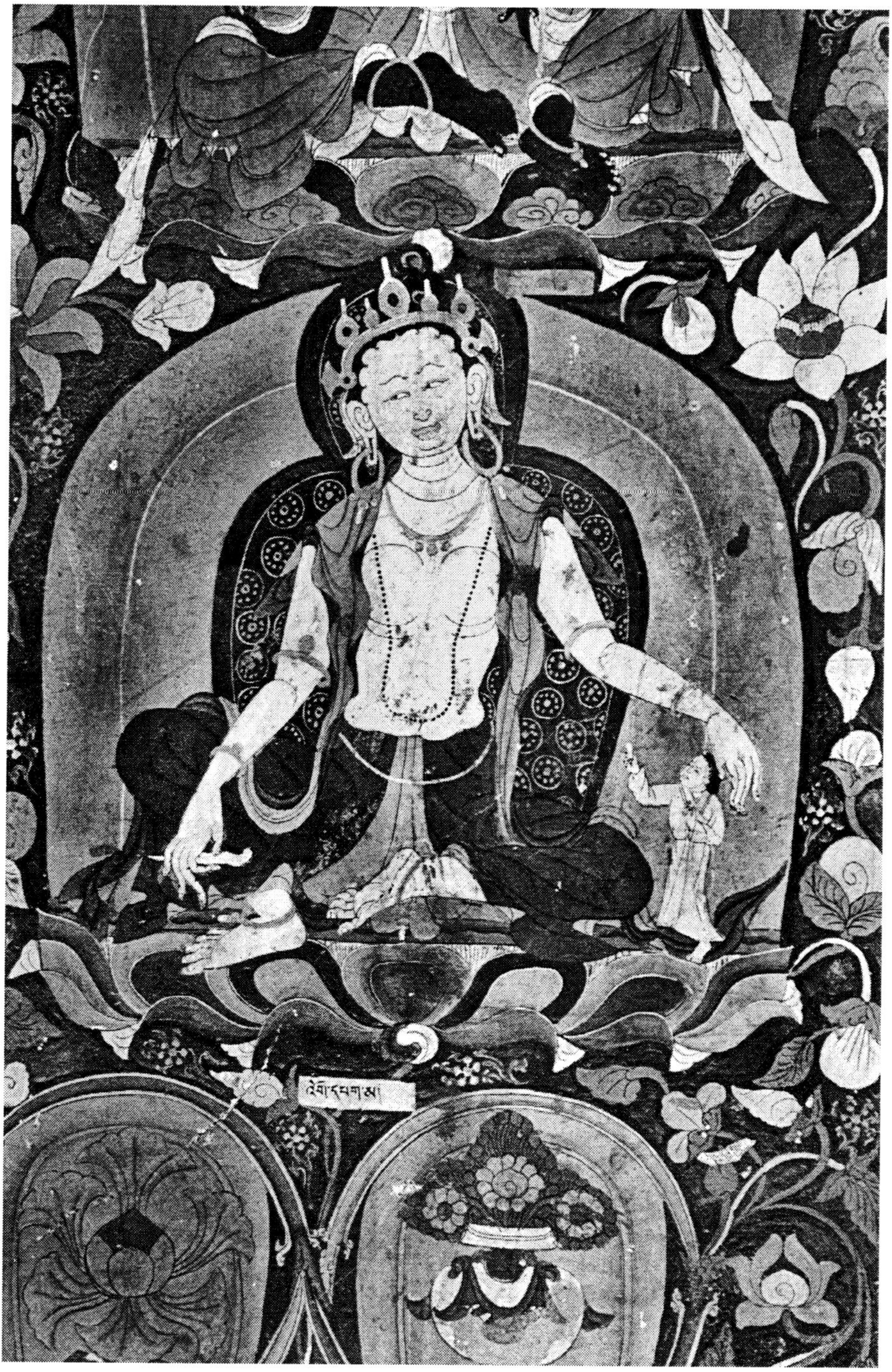

ངག་དབང་བསོད་ནམས་ལྷུན་གྲུབ་དབང་ཆེན་པ་སོགས་
ཕ་ལས་མ་གུ་མ་ དེ་གས་ལྷ་འཆར་བར་བ།

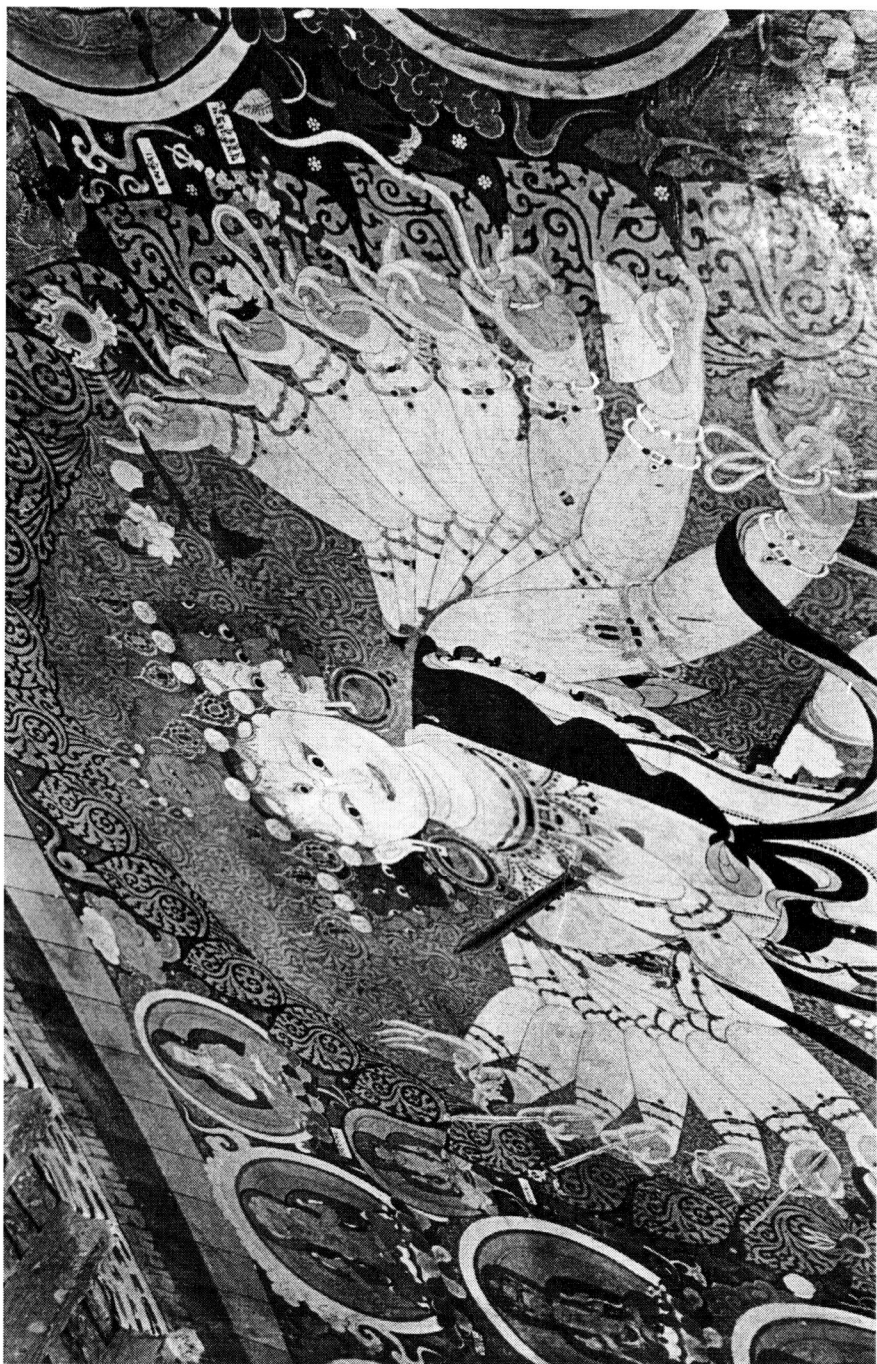

ག་ནེ་བ་ཇར་ཕུར་པོ།

དུ་ལི་ཕུང་རང་ཆུ་ག

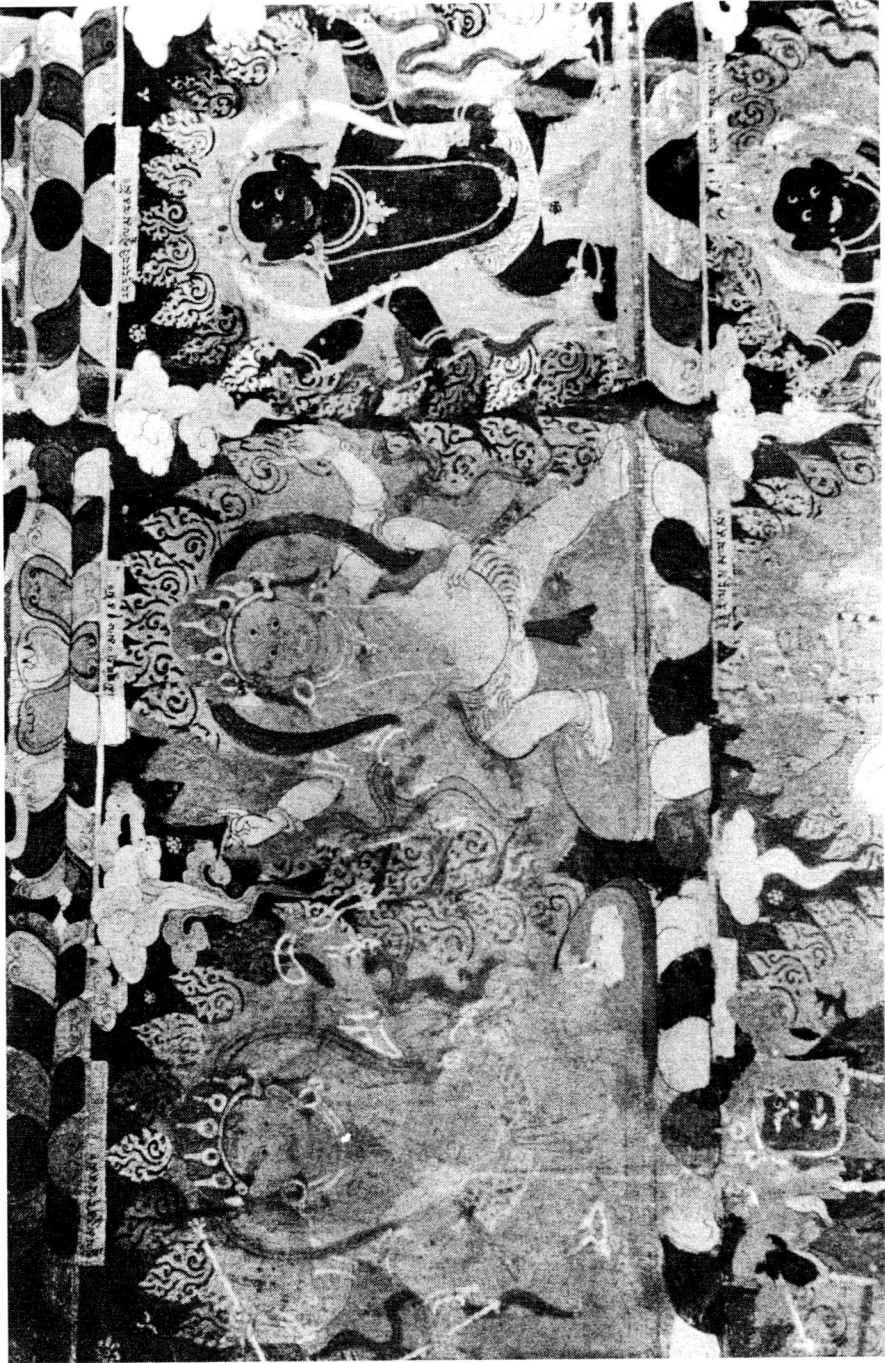

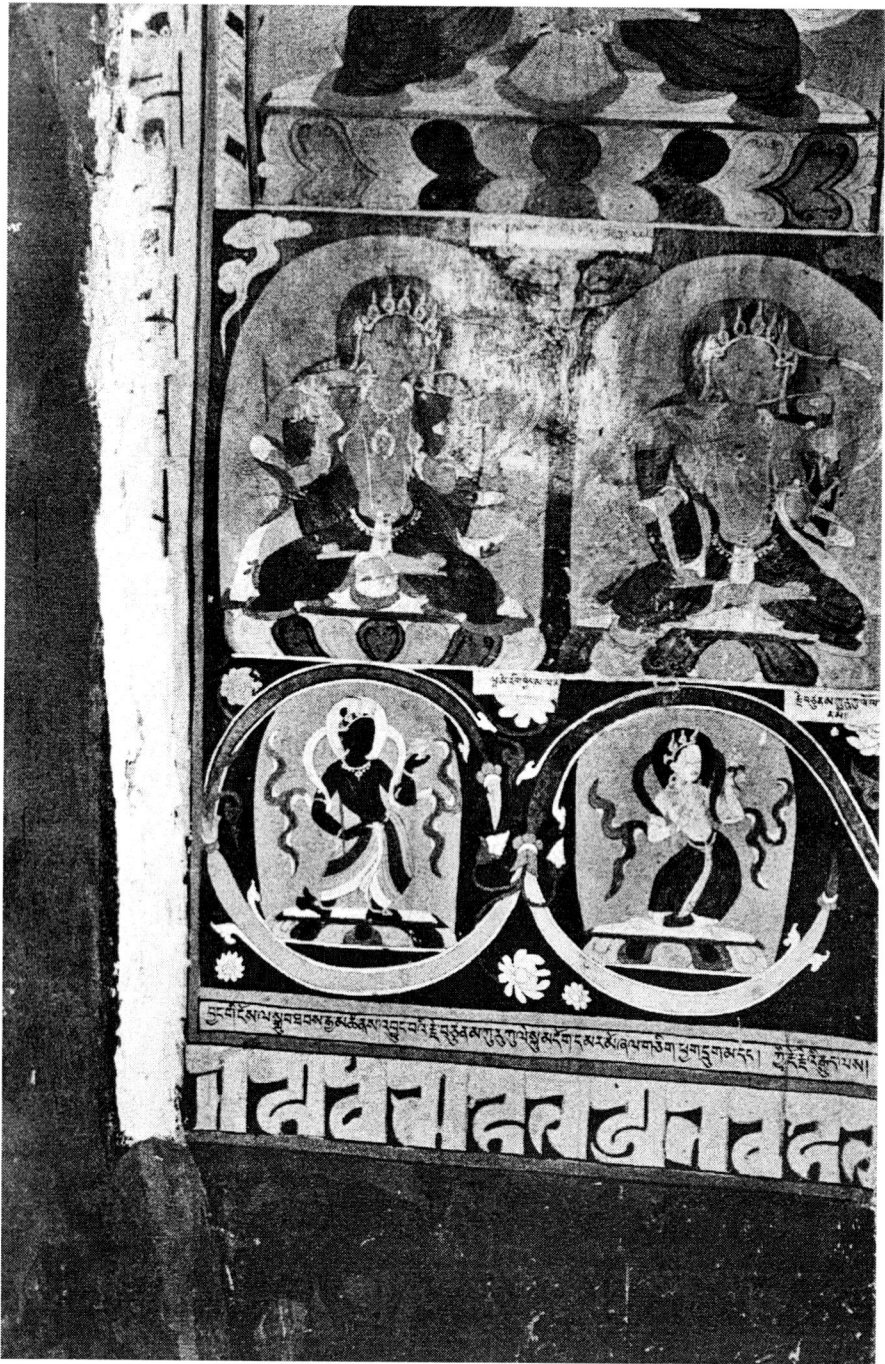

（第156页）

（第160、161页）

图版261

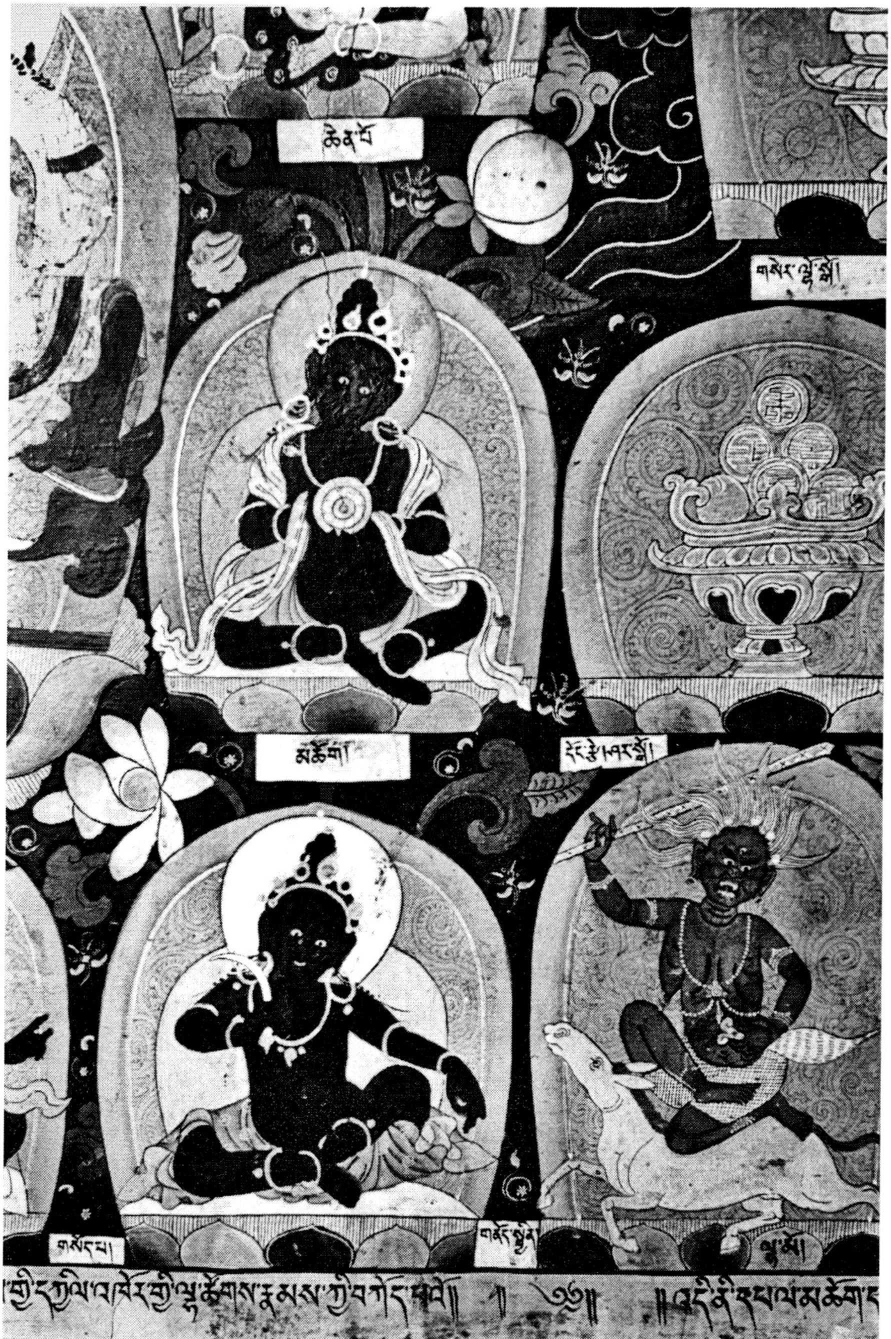

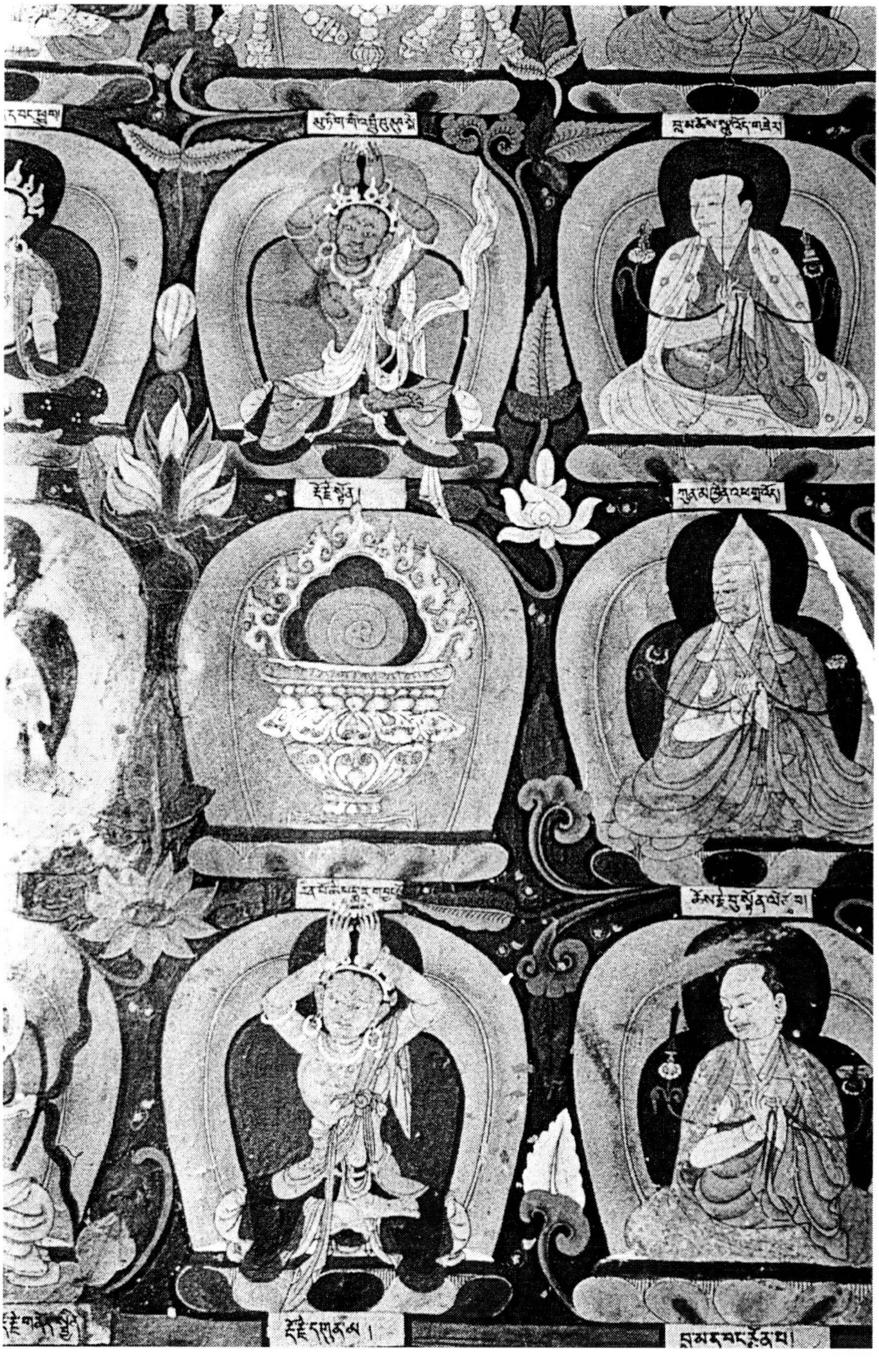

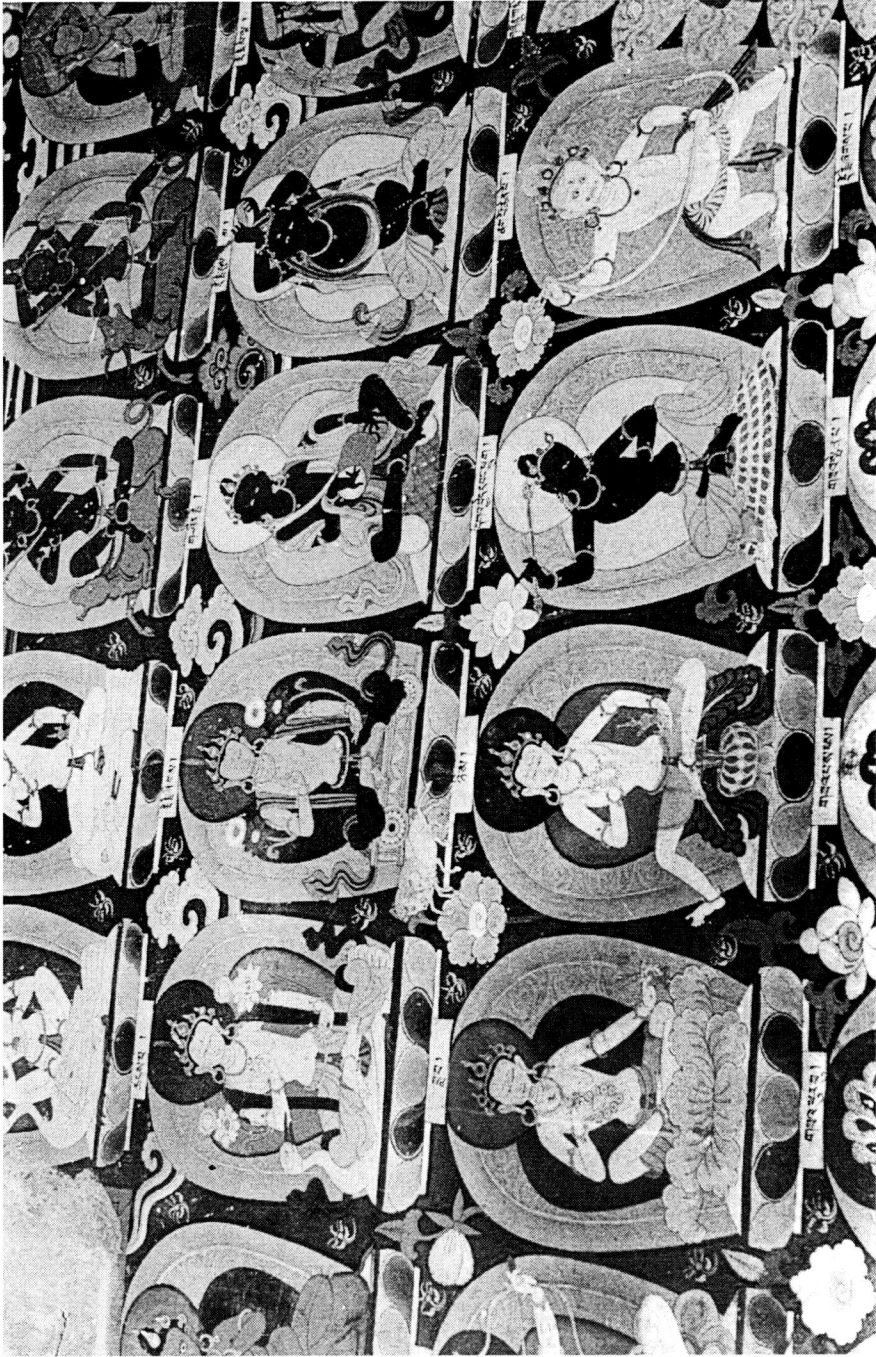

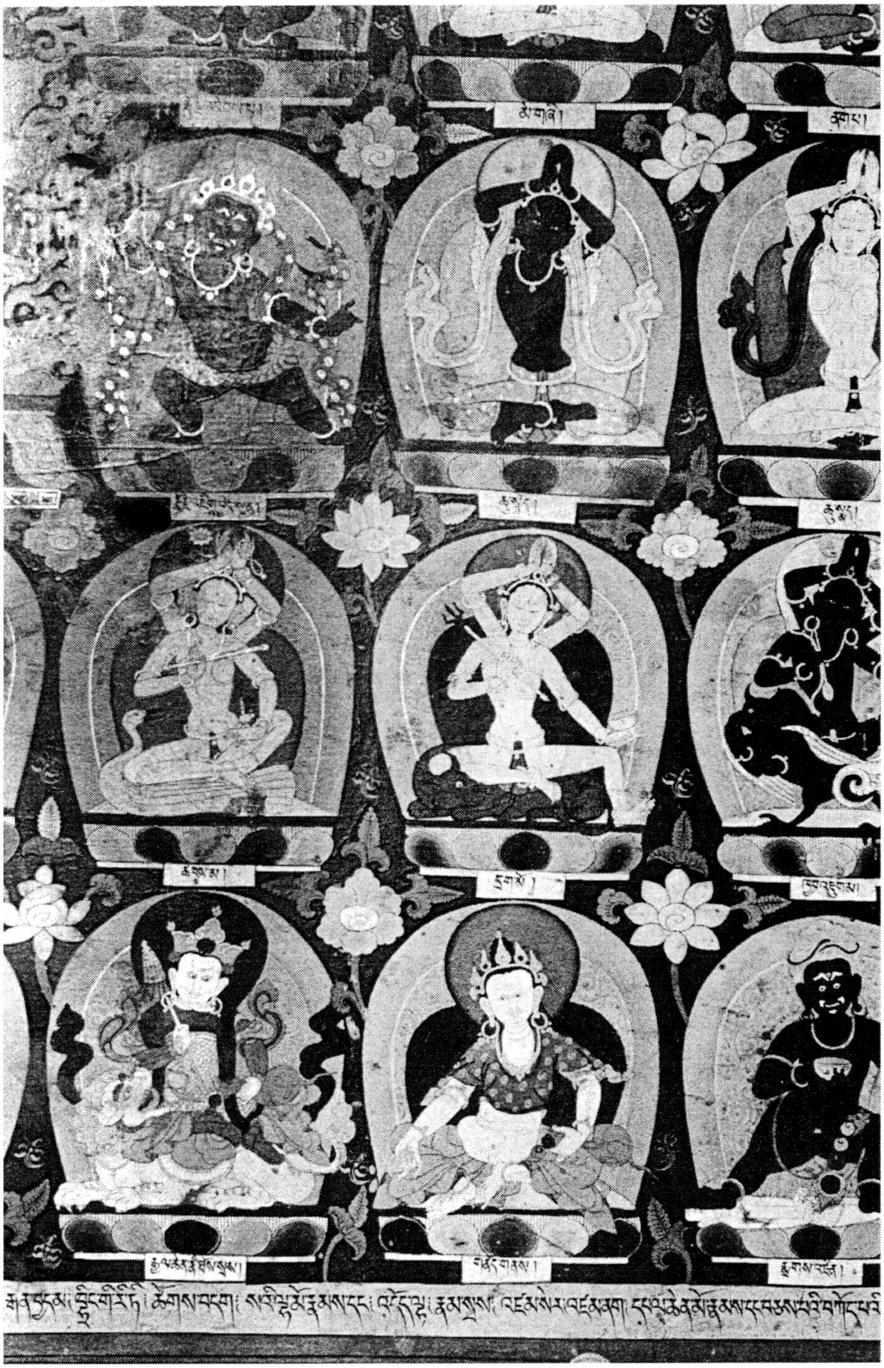

图版313

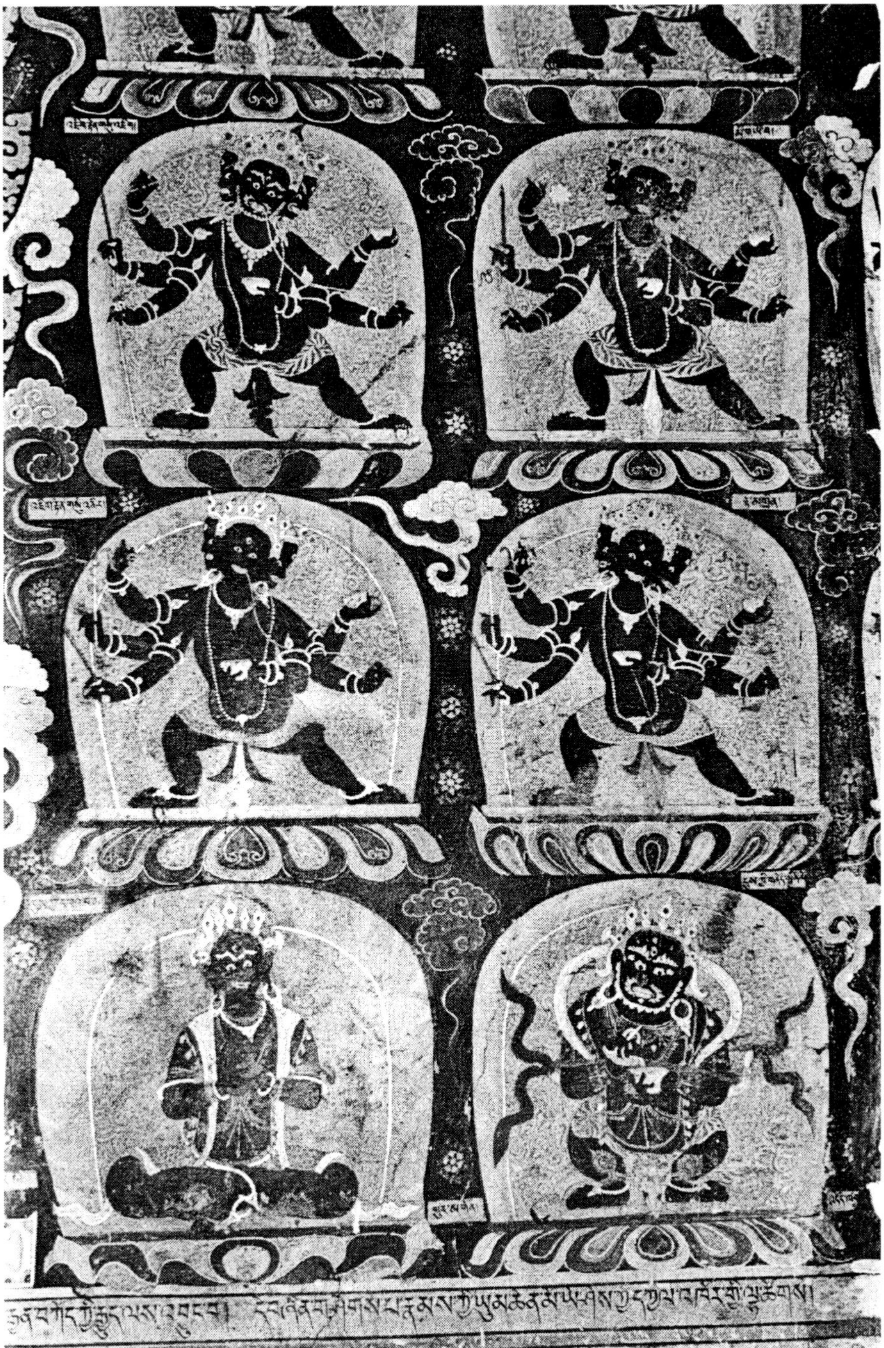

图版331

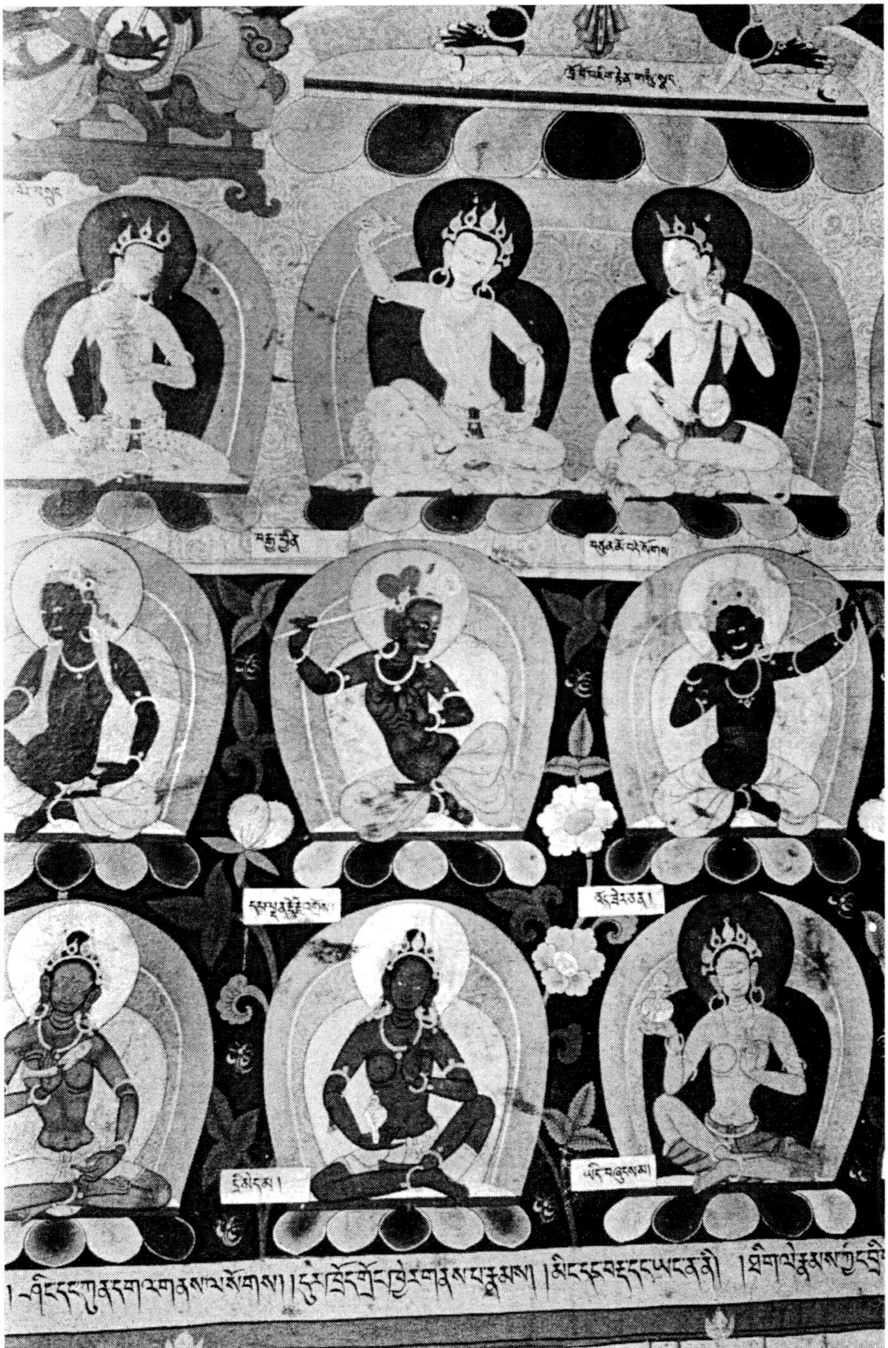

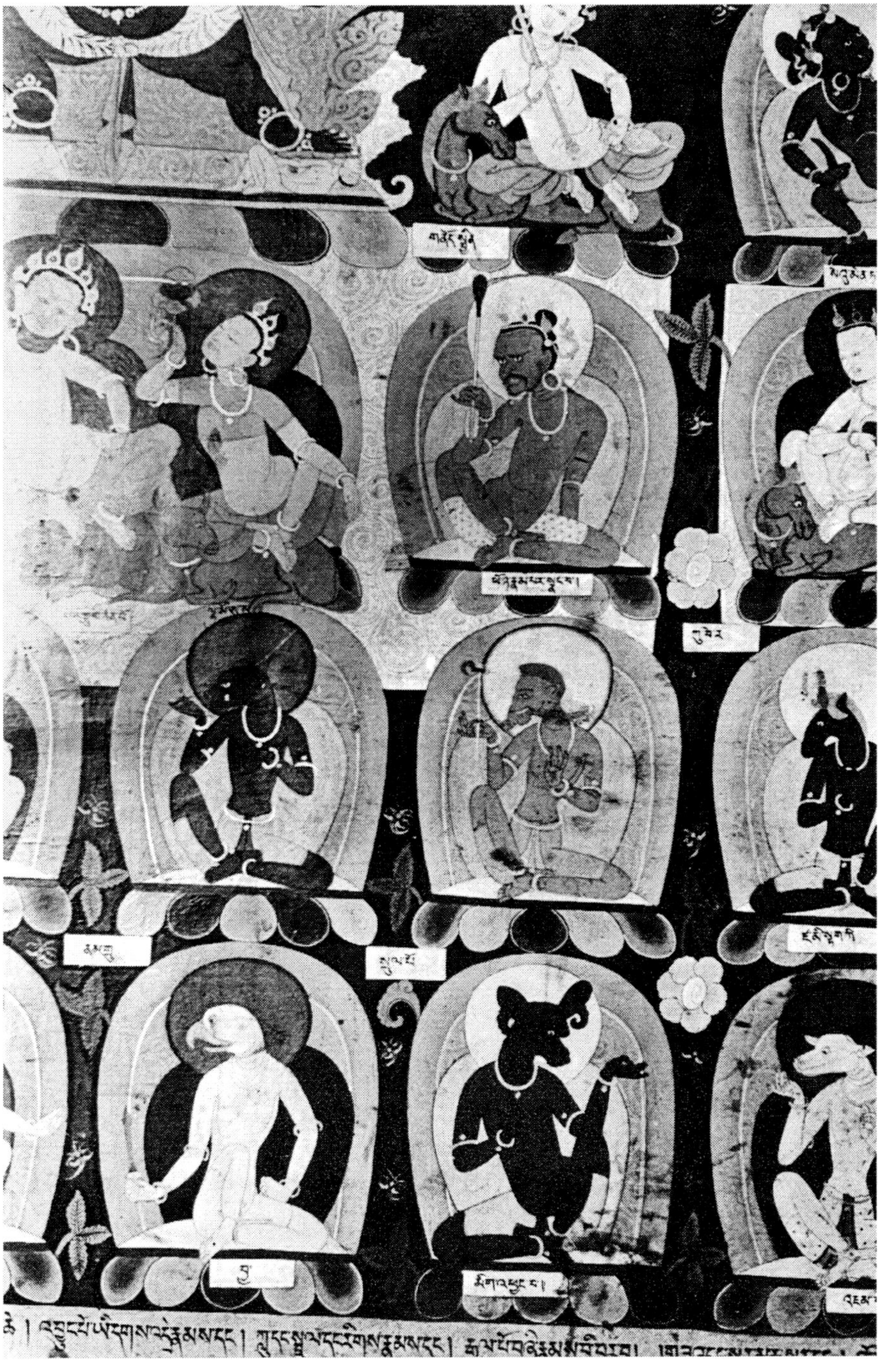

图版349

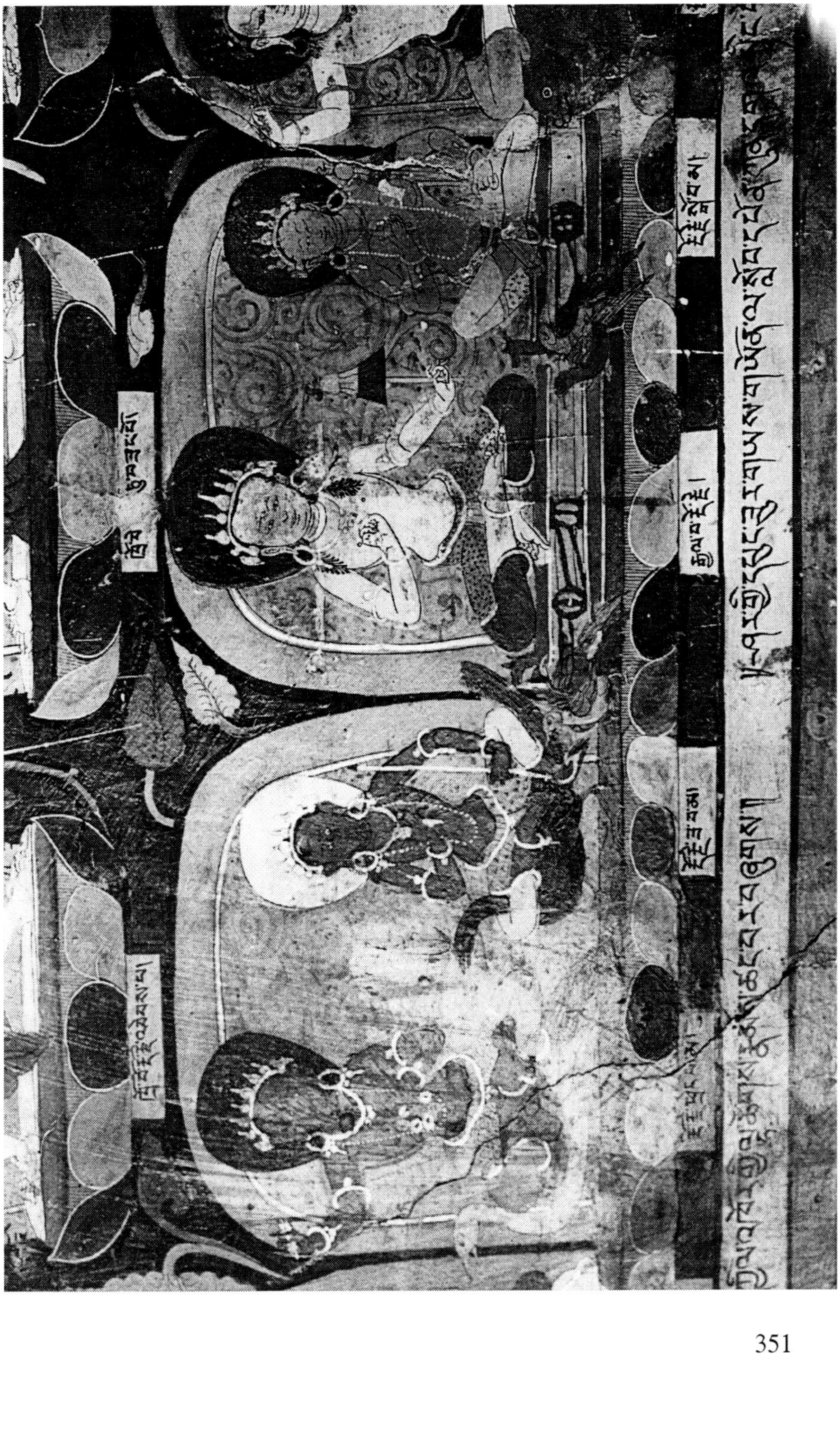

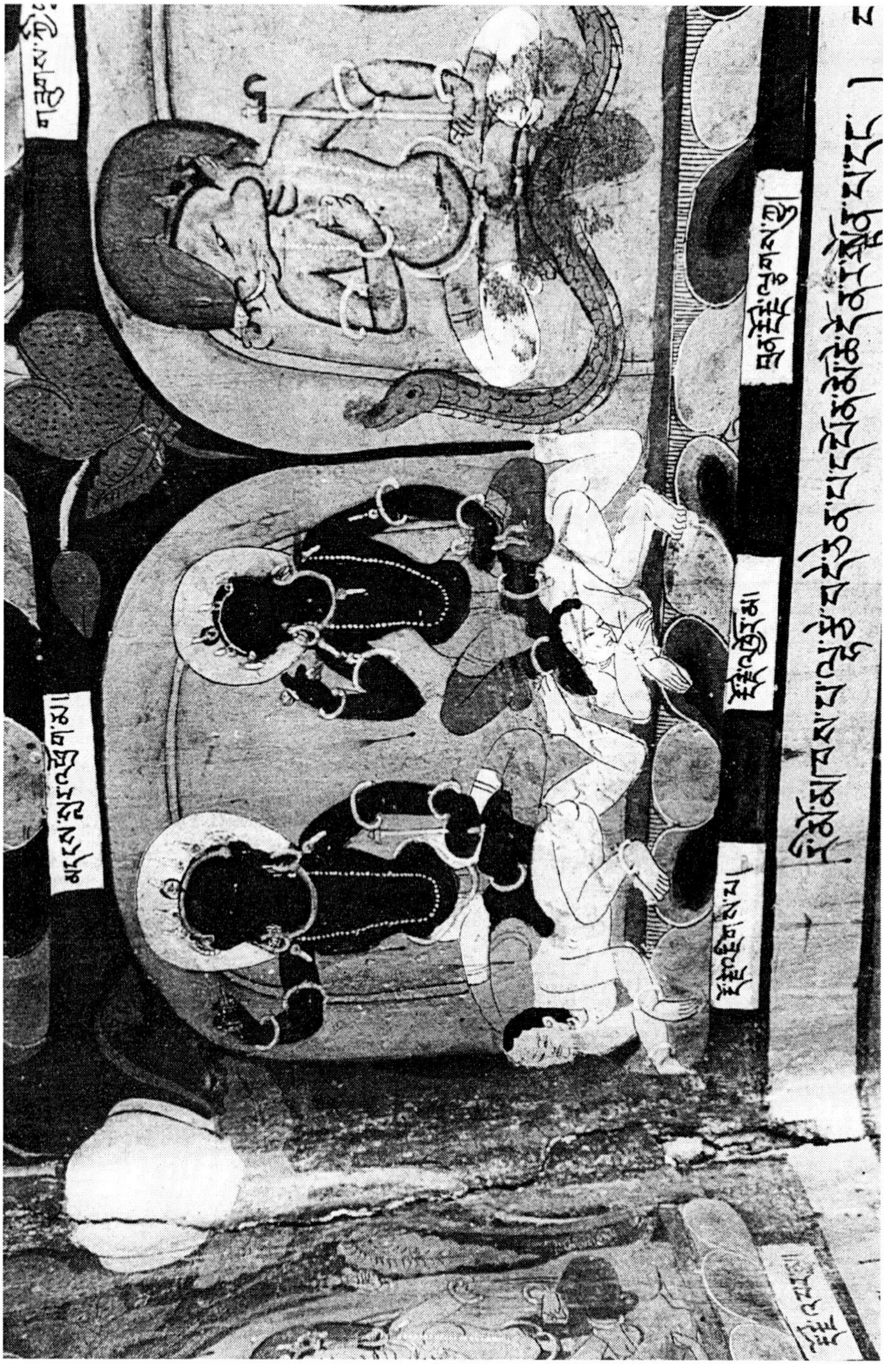

图版352

（第221页）

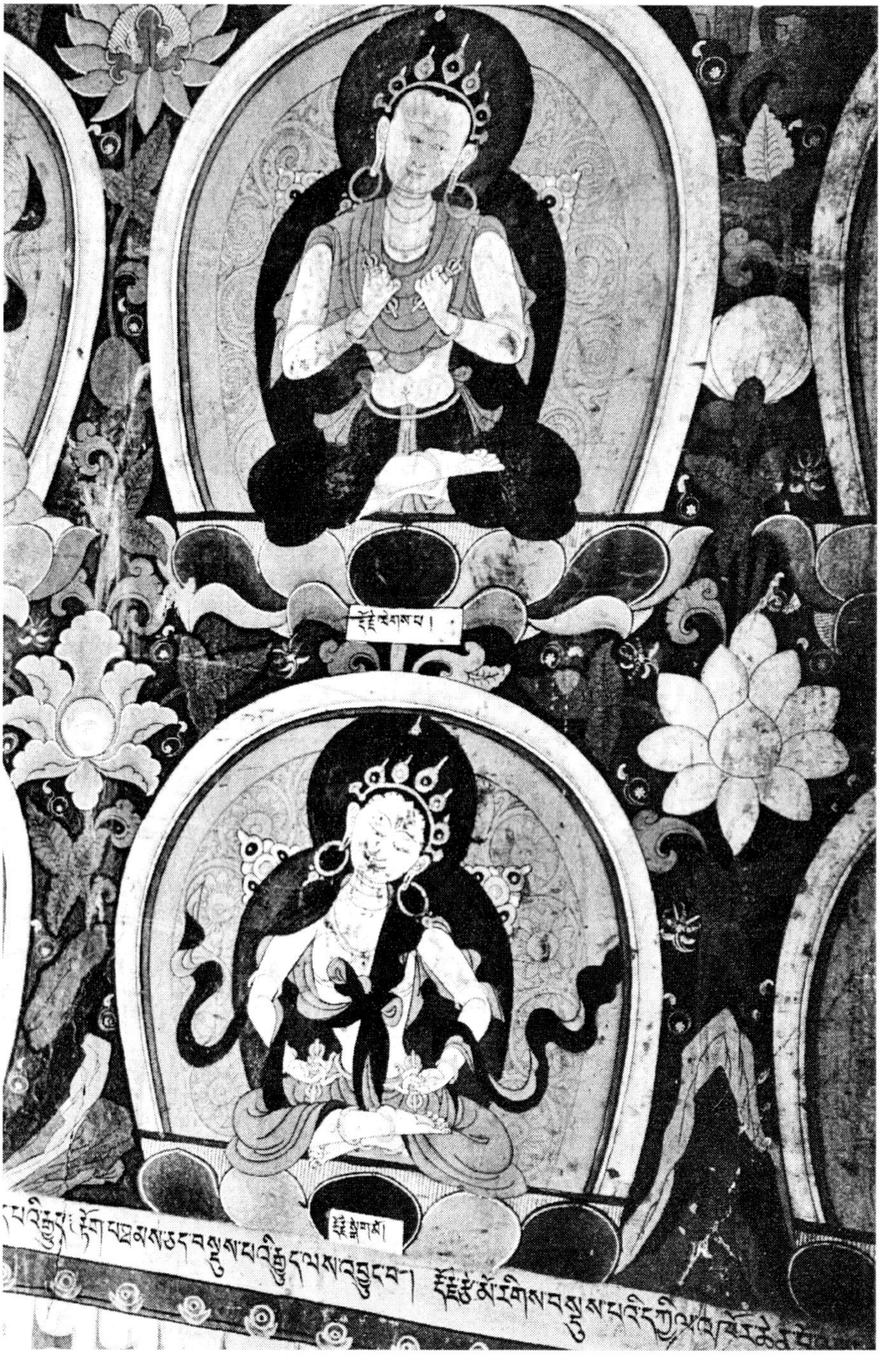

图版356 （第221页）

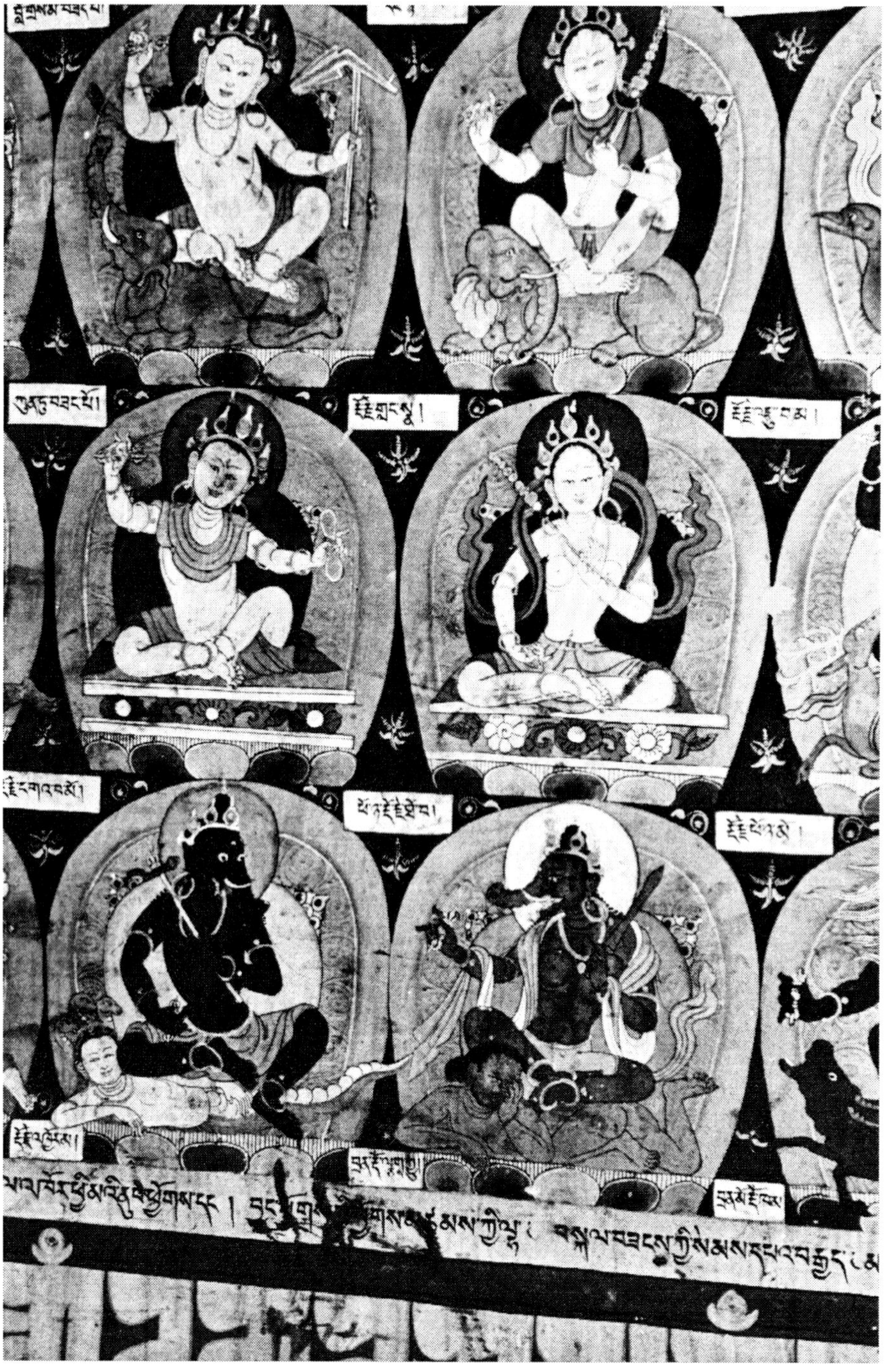

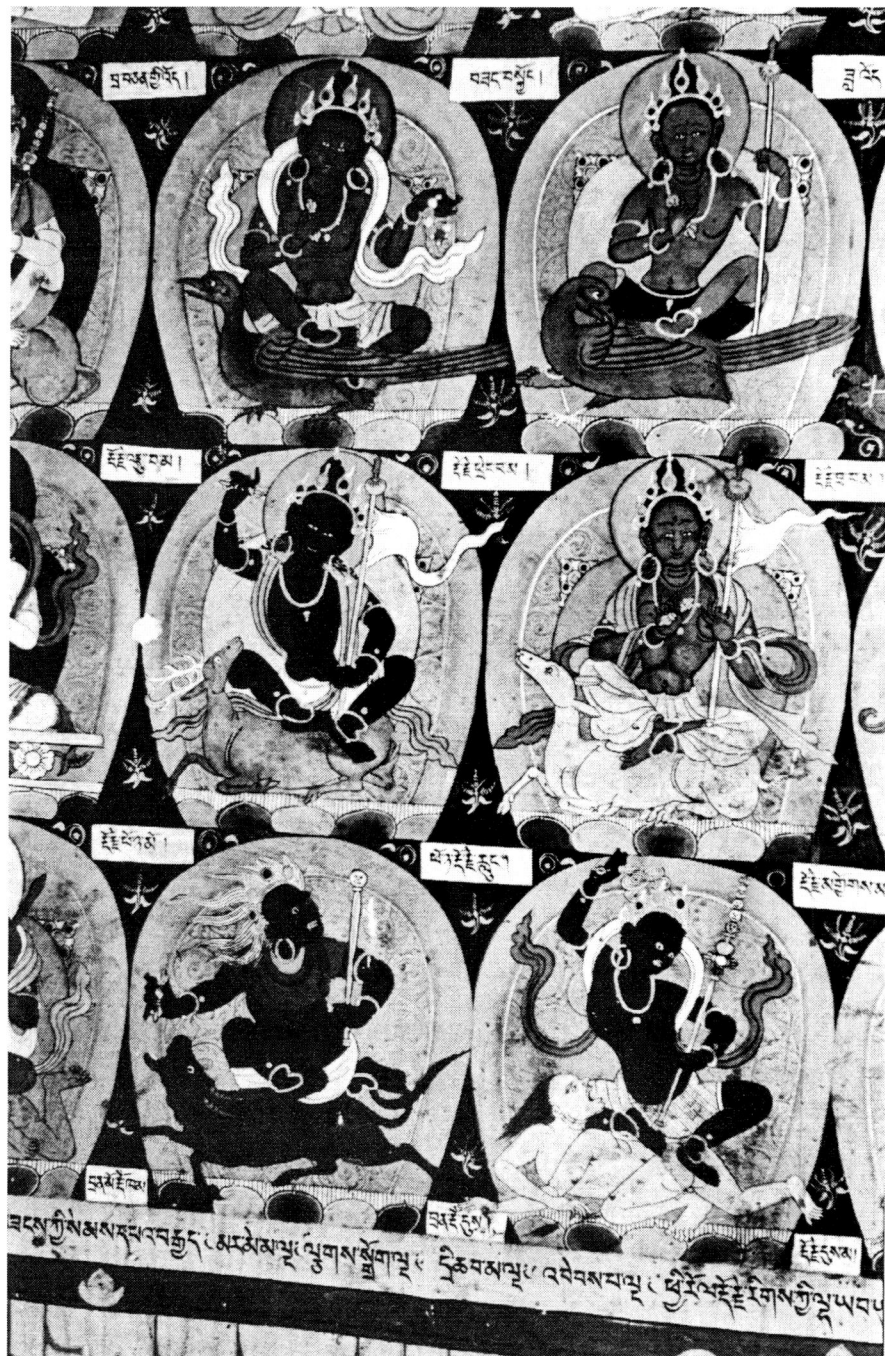

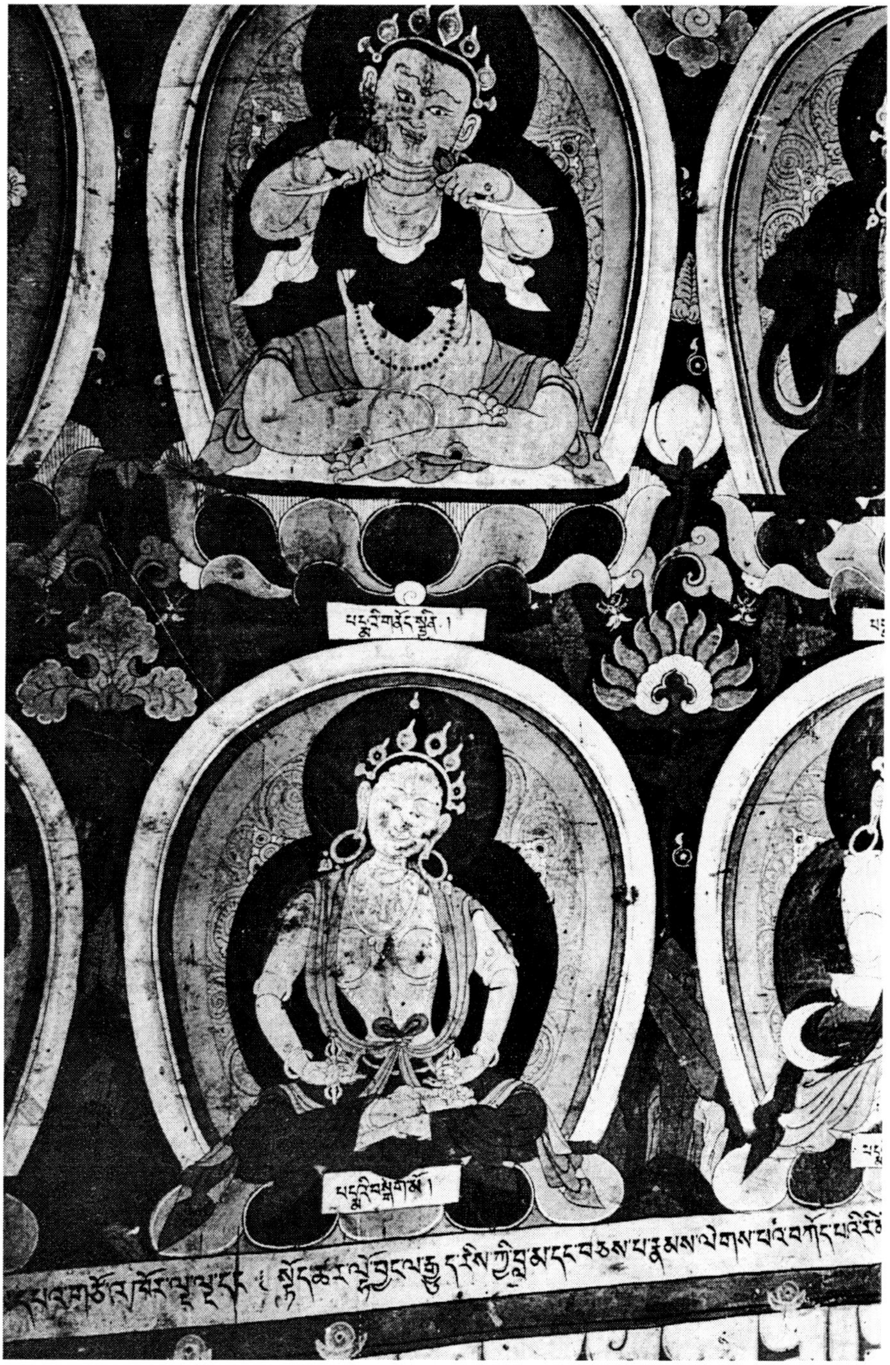

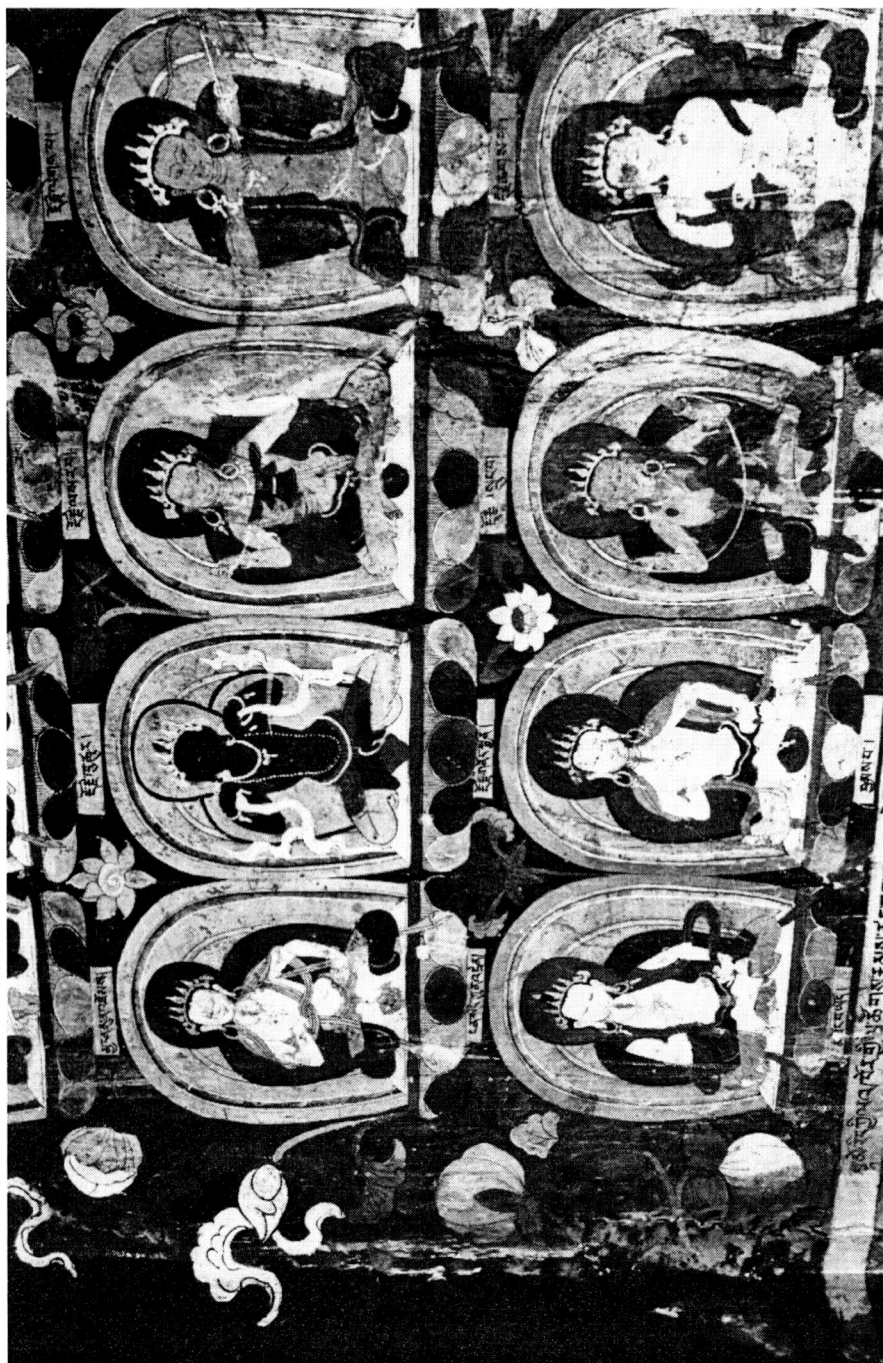

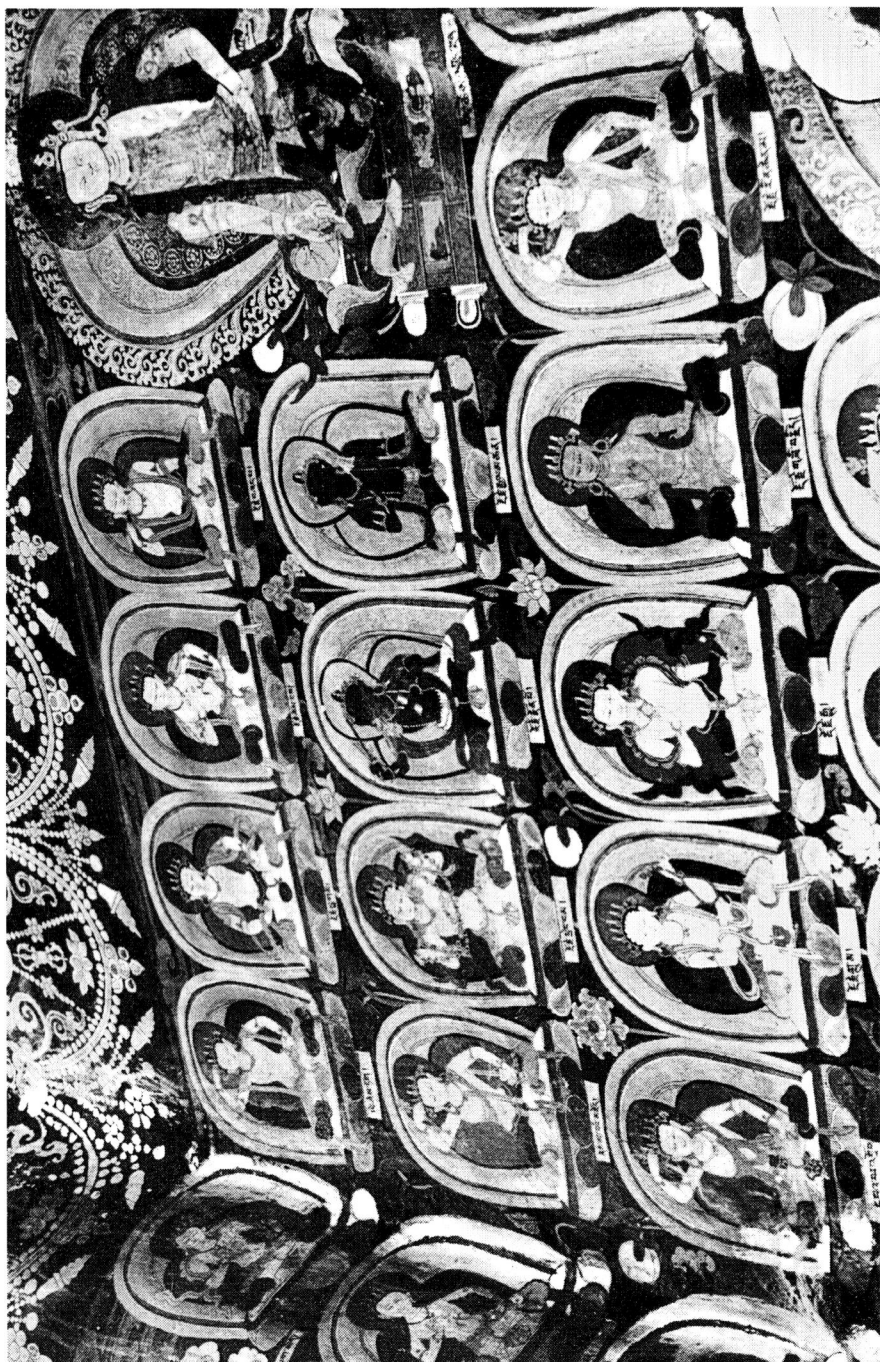

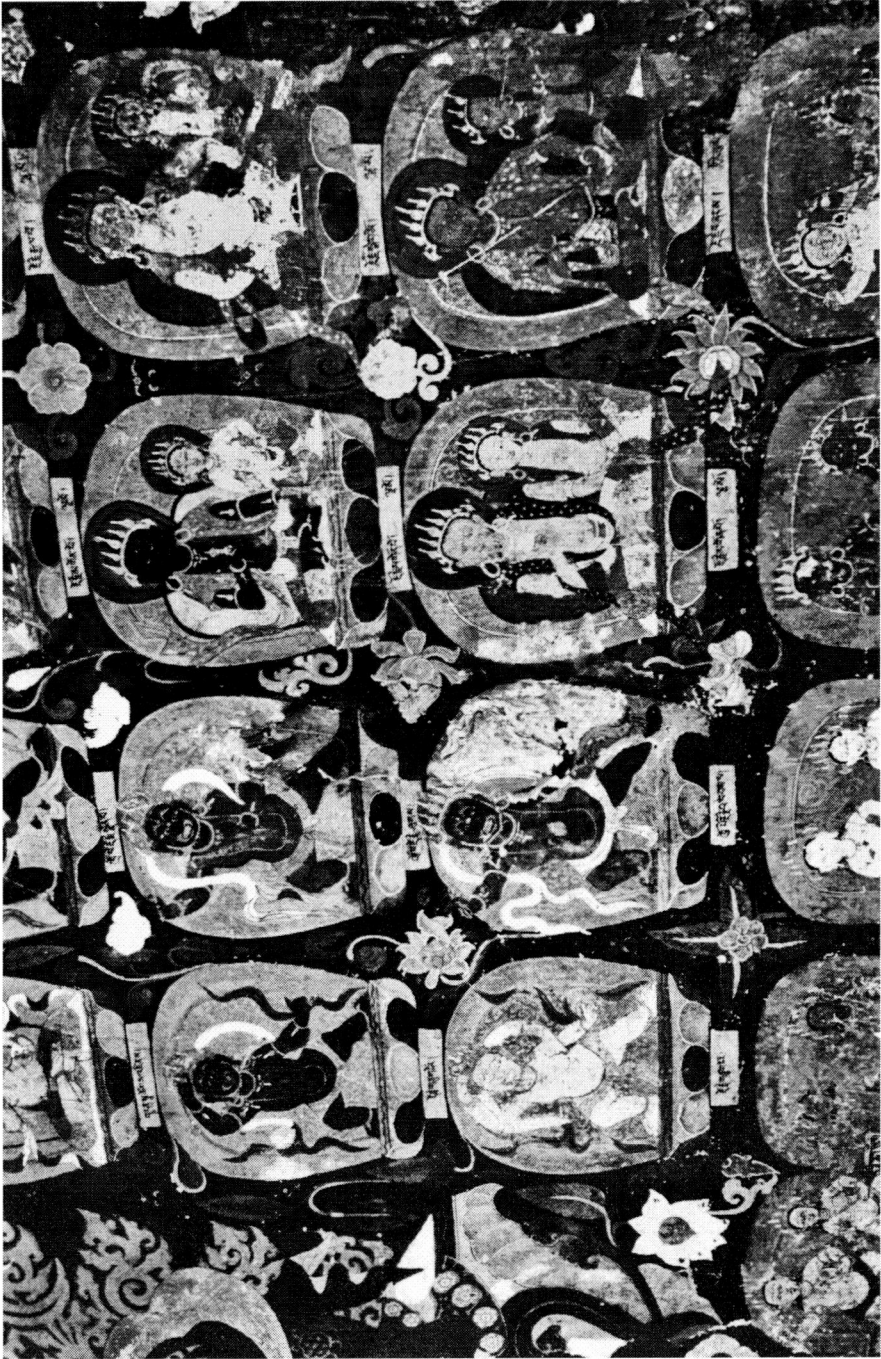

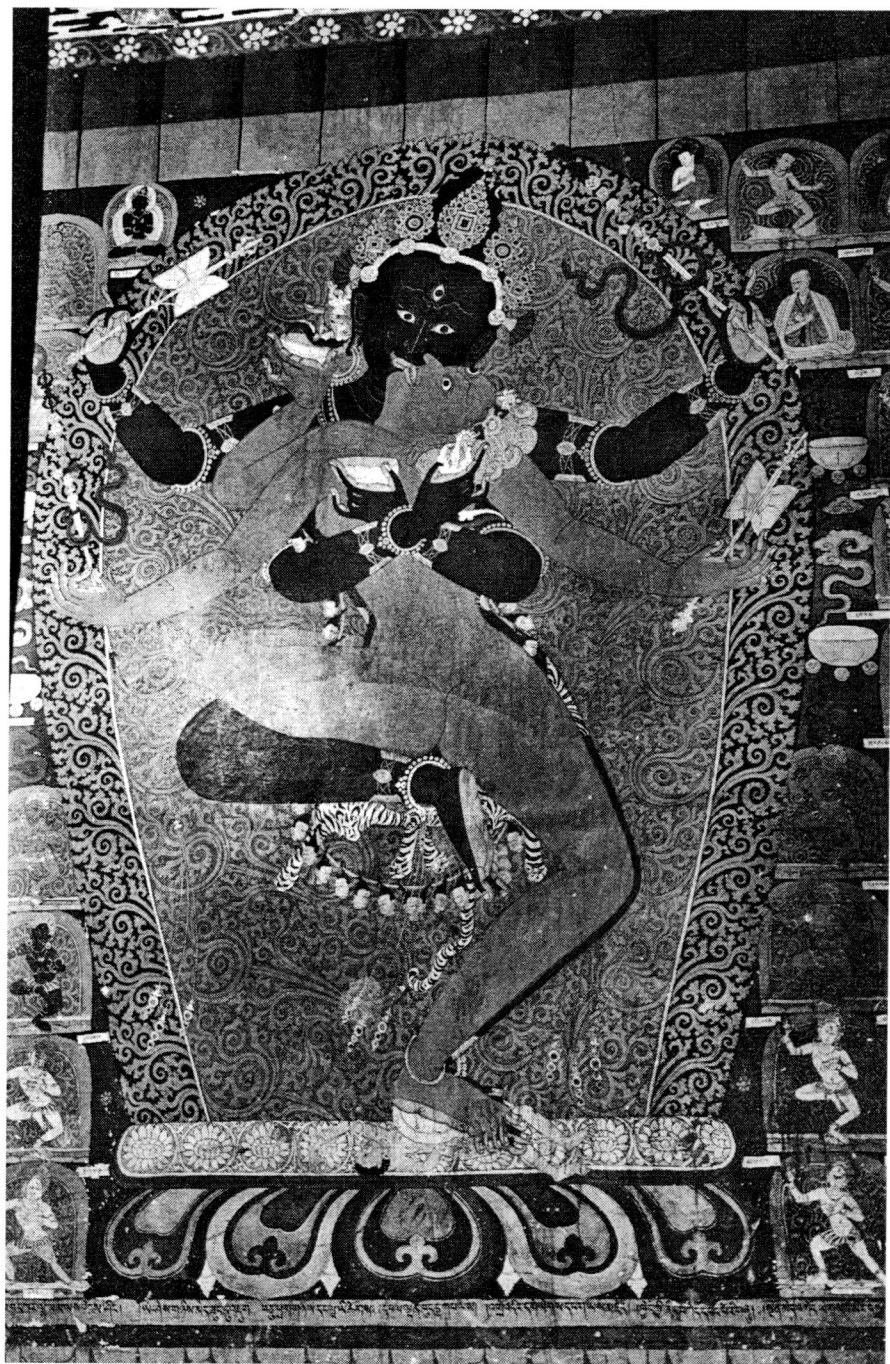